Dios

para

Locos Bajitos

Si este libro le ha interesado y desea que lo mantengamos informado de nuestras publicaciones, escríbanos indicándonos qué temas son de su interés (Astrología, Autoayuda, Naturismo, Nuevas terapias, Espiritualidad, Tradición, Qigong, PNL, Psicología práctica, Tarot...) y gustosamente lo complaceremos.

Puede contactar con nosotros en
comunicacion@editorialsirio.com

Diseño de portada: Editorial Sirio, S.A.

© de la edición original
Enrique Barrios

www.ebarrios.com

© de la presente edición

EDITORIAL SIRIO, S.A.	EDITORIAL SIRIO	ED. SIRIO ARGENTINA
C/ Panaderos, 14	Nirvana Libros S.A. de C.V.	C/ Paracas 59
29005-Málaga	Camino a Minas, 501	1275- Capital Federal
España	Bodega nº 8 , Col. Arvide	Buenos Aires
	Del.: Alvaro Obregón	(Argentina)
	México D.F., 01280	

www.editorialsirio.com
E-Mail: sirio@editorialsirio.com

I.S.B.N.: 978-84-7808-616-0
Depósito Legal: NA-802-2009

Impreso en Rodesa

Printed in Spain

Enrique Barrios

Dios
para
Locos
Bajitos

editorial Sirio, s.a.

Dedicatoria

Dedico este libro a

Porque

De parte de

Lugar y fecha

Capítulo 1

Hola, (   ).
Escribe tu nombre aquí
para que nos vayamos
presentando. No es necesario que
pongas tu apellido.

Bien, (   ). Ahora me
presento: mi nombre es Dios.

Sí, es verdad, suena un poco
presumido ese nombre, así que
puedes llamarme de alguna otra
manera que te guste más.

Por ejemplo... Este...
La verdad es que no se me ocurre
nada original. Me han puesto
tantos nombres ya...

¡Pero tengo una idea!

¡Invéntame tú un nombre!

El que te suene mejor, para mí
estará bien, (   ).

¡Claro que no me enojo!
Yo soy un amigo tuyo, no un ogro.

Y me gusta mucho jugar. Y ahora
piensa un nombre para mí.
Uno que te haga sentir bien.

No, ése no. Ese otro... puede ser.

Entonces, de ahora
en adelante, para ti,
yo soy 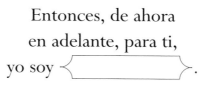.

¡Bravo! ¡Me gusta ese nombre!
Empecemos de nuevo entonces.

Hola, ⬭.
Mi nombre es
⬭.

¡Me está gustando este jueguecito!

¿Y a ti?

Ahora dime: ¿cuántos años
tienes, ⬭?

¿¡TANTOS!?

¿Qué dices? ¿Que si yo soy Dios
tendría que saberlo todo?

Pero claro que lo sé todo,
y yo sabía que tenías
todos esos años,
pero estaba imitando a los grandes,
que siempre preguntan lo mismo, ¿verdad?

También a qué curso vas en la escuela,
pero nunca te preguntan si te gustan más los
gatos o los perros, o si prefieres los helados de
chocolate o los de coco.

Es cierto, (   ). Algunos mayores
son MUY aburridos... pero no todos.

Lo que pasa es que casi todos los mayores
se olvidaron de cuando eran niños.

Ojalá que a ti no te pase eso cuando crezcas.

¿Qué dices? ¿Que si yo sé lo que
tú vas a ser cuando seas grande?

Pero claro que sí,
pero no te lo diré, ⬭.

¿Que por qué no?

Porque las sorpresas son más divertidas,
¿no te parece?

Es mejor ir descubriendo poco a poco
lo que serás cuando seas grande.

Pero puedes ir imaginando cosas. Por ejemplo,
que cuando seas mayor vas a tener un diploma.
Escribe lo que te gustaría ser.

DIPLOMA

Se otorga el título de

_____

A una hermosa personita llamada

[   ]

Lugar: .... *Fecha:* ....

Claro que es muy posible que
más adelante cambies de idea
y quieras ser otra cosa,
pero no te preocupes.

A la mayoría le pasa lo mismo
cuando son niños.

Por ahora, lo único que tienes
que hacer, ⬭, es estudiar,
y después, la vida misma te irá mostrando
su propio camino.

¿Qué dices? ¿Que si yo fui a la escuela?

Ejem... Bueno... No, no lo necesitaba,
porque yo lo sé todo.

¿Que si tengo papá y mamá?

Los papás y las mamás los inventé yo,
así que antes de eso no había

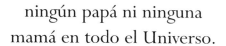

ningún papá ni ninguna
mamá en todo el Universo.

¿Que de dónde salí?

No salí de ninguna parte.
Yo siempre estuve,
estoy y estaré.

¿Que quién me hizo?

No me hizo nadie. Es al revés:
yo hice todo. Pero es mejor que
no me sigas haciendo esas preguntas,
porque tu cabecita todavía
no puede comprender
algunas cosas de ese tipo, ⌐‾‾‾‾‾‾‾‾‾‾‾⌐.

¿Que de alguna parte tuve que salir;
que tuve que comenzar de algún modo?

(Y dale con eso...)

Lo que pasa, ⟨_____⟩,
es que las palabras «comienzo»
y «fin», o «nacimiento» y «muerte»
también las inventé yo,
pero en el fondo, en el fondo,
todo es eterno...

Eterno quiere decir algo
que siempre está, que nunca nace
y nunca muere. Igual que yo.

Tú también, claro. Nunca vas a desaparecer.

En serio.

No soy tan malo para andar borrando
a la gente para siempre.

¿Qué? ¿Dices que [_____] se murió?

(Puedes poner aquí el nombre
de una persona que se haya muerto.)

Estás en un error.

[   ] no se ha muerto,
sólo se fue a vivir a otro lugar.
¡Ah!, y como su cuerpo
no le servía para ir allá, lo dejó aquí.
Pero ahora tiene otro cuerpo y está muy bien.

Yo estoy mirando a [   ]
en este momento, y está sonriendo.

Sería mejor que me vayas creyendo,
(   ), porque es verdad.

Y deja de una vez por todas
de tenerle miedo a esas cosas.

¡¡¡NO VAS A DESAPARECER
PARA SIEMPRE!!!

Firmado:

 .

Capítulo 2

Tú estás en el mundo
para hacer algo, (   ),
algo que por ahora no puedes recordar.

Antes de nacer lo recordabas,
porque estabas conmigo.
Después lo olvidaste.

Viniste al mundo para
hacer algo lindo, así que
tienes que cuidarte para que
más adelante puedas hacer
eso que viniste a hacer.

Claro que yo también
te voy a cuidar, pero ¡OJO!

Presta mucha atención.

Si tú decides tirarte desde
un avión sin paracaídas,
yo no lo puedo impedir.
Tampoco puedo ponerte
un colchón para que no te pase nada.

Claro que podría hacerlo,
porque yo puedo todo,
pero hay algo muy importante
que debes saber:

yo te hice LIBRE...

No quise hacer robots porque
son muy aburridos, no pueden
pensar por sí mismos, no deciden nada.

Y sobre todo, no aman,
y para mí el Amor es muy importante.
Por eso hice personas, que aman,
y no máquinas ni títeres.

Te hice persona, y las personas son libres,
(   ), y si deseas hacer algo,
bueno o malo,
yo no te puedo detener.

Yo puedo cuidarte, claro,
pero de la única persona
que no puedo cuidarte es
de una famosa personita
muy linda llamada (   ).

Te explicaré que en la vida hay
cosas buenas y cosas malas.

Sí, ya sé que eso ya lo sabías,
pero te lo voy a aclarar un poco más.

Las cosas buenas hacen bien;
las cosas malas hacen mal.

También sé que eso que
te acabo de decir parece una tontería
que cualquiera sabe,
pero a veces no es muy clara la cosa.

Por ejemplo, tomar helado.

Tomarse un helado es bueno,
pero tomarse diez helados seguidos es malo,
¿verdad?

Claro, porque hace mal al estómago.

Pero si (   ) quiere comerse
uno o dos kilos de helado de chocolate
o coco, o de cualquier cosa,
yo no voy a hacer mi magia
para que no lo haga.

Porque (⬚⬚⬚⬚⬚⬚) es total
y absolutamente libre
de hacer lo que le dé la gana.

Claro que si a (⬚⬚⬚⬚⬚⬚)
después le duele el estomaguito,
que no me ande culpando a mí.

Porque hay algunos niñitos
(y algunos grandecitos también)
que hacen cosas que no son buenas.

Y después les llega la consecuencia,
y andan llorando y dicen
que yo tengo la culpa.

Consecuencia quiere decir lo
que sucede después de que se hace algo.

El dolor de estómago es la consecuencia
de comer demasiados helados.

La consecuencia de
hacer cosas malas es el dolor,
en el cuerpo o en el alma.

El dolor del alma es cuando
te sientes mal por dentro,
cuando sientes vergüenza o arrepentimiento,
o cuando sientes que no te quieren.

El dolor del alma a veces
duele más que el del cuerpo, ¿verdad?

Cuando tu mamá o papá se enojan contigo...
duele, ¿verdad?

O cuando se murió tu gatito
o alguien que tú amabas mucho.

Eso es el dolor del alma.

En cambio, la consecuencia de hacer
cosas buenas es la felicidad del alma.

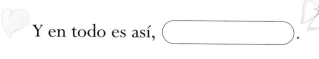

Y en todo es así, (   ).

Hay cosas que hacen bien
y producen felicidad,
y hay cosas que hacen mal
y producen dolor.

Y si tú te lanzas desde
un avión sin paracaídas,
eso es malo, porque hace mal;
eso mata, y matar es malo,
muy malo.

Claro, porque si yo doy la vida,
el que mata está en contra de
lo que yo hice, y eso es malo.

Pero yo no puedo meterme
en las cosas de nadie,
porque todos fueron hechos libres.

Lo único que puedo hacer
es advertir, enseñar.
Y para enseñar tengo muchas maneras.

Las religiones son una forma,
y algunas personas que enseñan
y este tipo de libros son otra forma.

Hay personas que me permiten
que yo pueda entrar en ellas
para contarles cosas que después
deberán enseñar a los demás.

Tengo que decirles de alguna forma
a mis amiguitos del mundo
que no crean que yo voy
a andar metiéndome en sus cosas,
porque son libres.

Que no crean que si lo están pasando
mal es por culpa mía,
sino de ellos mismos.

Tienen que saber que si hacen
algunas cosas buenas,
les va a ir muy bien,
y que si hacen otras cosas malas,
les va a ir muy mal.

Y que si ahora no están muy bien,
fue por algo malo
que hicieron antes, aunque no lo
recuerden ahora, (   ).

A mí me gustaría que todos
estuviesen muy, pero muy bien.

Adivina por qué me gustaría
que todos ustedes estuviesen muy,
pero muy bien.

¿No lo sabes?

Porque os amo.

Yo te amo, (⟶⟶⟶⟶⟶⟶),
y mucho. ¿No lo sabías?

Claro que te amo, y por eso hice
magia para que este libro llegase a ti.

Y me resultó
(bueno, mi magia siempre me resulta).

Me resulta porque yo siempre me porto bien,
y a quienes se portan muy bien,
la magia les resulta.

¿Has escuchado hablar de algunos
que se portaban muy bien
y que por eso podían caminar
por encima del agua,
dividir el mar y cosas así?

Eso sucede porque yo inventé
que los buenos puedan parecerse a mí,
y yo soy un mago.

De la misma forma
que los magos hacen salir
un conejo de un sombrero,
yo hice salir
todo el Universo de la nada.

Bueno, no exactamente de la nada,
sino de mí mismo.

Es por eso por lo que en todas las cosas
y personas está mi Espíritu.

Y también hice salir
de mí mismo a ⬭.

Primero pasaste por tu mamá,
sí, pero antes ¿dónde estabas?

Ahhhh, ¿vas viendo?
Ahí fue donde yo hice funcionar
mi varita mágica y apareció
nada menos que ⬭.

Y más adelante en este libro te
enseñaré un poquito de magia.

Y te hice aparecer porque te amo.

Y como te amo, me gustaría
que nunca estuvieses mal.
Y lo mismo me gustaría
con todos los demás.

Lo malo es que algunos
hacen tantas cosas malas...

Y ya sabes que las cosas malas
hacen pasar malos momentos,
y las cosas buenas, justo al revés.

También aprendiste que
ustedes son libres, y que yo
no puedo prohibirles nada.

No es que no pueda,
porque yo puedo todo,
sino que no quiero,
por respeto a la libertad de todos.

Que hagan lo que quieran,
pero que sepan que lo malo hace sufrir,
y que lo bueno produce felicidad.

Y después, que no se
quejen si no son felices.

Las personas que no son felices
hicieron cosas malas. Y ahora están
recibiendo la consecuencia.

Pero el dolor tiene
un lado bueno, (   ): enseña.

Sí, porque si a uno le duele
mucho el estómago porque
se comió cincuenta helados

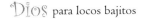

de chocolate o coco,
seguramente nunca más
va a volver a hacerlo.

Y así, con diferentes dolores,
poco a poco la gente
va aprendiendo a no hacer cosas malas
y a no sufrir más.

Pero a mí me gustaría más que
aprendieran de otra manera, sin dolor.

Porque amo a mis amiguitos,
y me duele cuando no están contentos.

Por eso hago que aparezcan
este tipo de libros y
algunas religiones y personas
que enseñan acerca de lo
que hace bien o mal.

Ellos transmiten lo que yo les dicto.

Si un amiguito hace algo que
le hace daño a otro amiguito,
eso es malo, eso le hará
daño también al que le hizo mal al otro.

Puede que no se note inmediatamente,
pero sí con el tiempo.

Hacer daño a los demás es malo
porque me causa un poquito de dolor
a mí también, y todo lo que me produce
dolor a mí es malo y
hace doler a quien lo hace.

¿Entiendes, (   )?
¿O son muy complicadas mis enseñanzas?

Para que entiendas de una vez,
te diré que todo se trata de amar.

Amar es lo bueno.

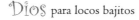

Sentir Amor es lo bueno.

Y como todo lo bueno
hace pasar buenos momentos,
amar produce felicidad.

Y viceversa (pregúntale a un mayor
qué significa viceversa). ¿No lo sabe?
Bueno, viceversa significa al revés.

Como sólo se trata de amar,
entonces (⎯⎯⎯⎯⎯⎯⎯⎯) también
debería amar a (⎯⎯⎯⎯⎯⎯⎯⎯).

Claro, porque a (⎯⎯⎯⎯⎯⎯⎯⎯)
lo inventó nada menos que el mismísimo
(⎯⎯⎯⎯⎯⎯⎯⎯), porque lo ama.

Y si sufre (⎯⎯⎯⎯⎯⎯⎯⎯),
resulta que (⎯⎯⎯⎯⎯⎯⎯⎯) siente
un dolorcito.

Y todo lo que le produzca
dolor a tu amigo ⟨⎯⎯⎯⎯⎯⟩
es malo y hace daño.

Por eso, ⟨⎯⎯⎯⎯⎯⟩,
debes tratar bien a ⟨⎯⎯⎯⎯⎯⟩.

Así que ni se te pase
por la cabeza la idea de tirarlo
desde un avión sin paracaídas.

También sabes ahora que todos mis amiguitos,
como tú, son eternos como yo,
y que hay otros lugares en donde
no se necesita el cuerpo para vivir.

Pero quienes llegan a ese lugar
habiendo hecho algo muy malo antes...

Ay, ay, ay.

Pero mejor hablemos de otras cosas.

Capítulo 3

Hay veces que algún niño
se vuelve como loco
y no quiere saber nada de nada,
y patalea y lo tira todo lejos
y arma un infierno.

¿Has visto alguno alguna vez?...

Bueno, eso pasa porque
en esos momentos entró
un angelito malo dentro
de ese niño. Porque ese niñito
lo dejó entrar, claro.

A los angelitos malos
no les gustan nada las cosas
que tienen que ver con el cariño,
con ser todos amigos y felices.

A los angelitos malos les gusta
que todos estén igual de mal que ellos.

Porque los angelitos malos
siempre están mal.

Y a veces se meten dentro
de los niñitos (y también de los mayorcitos),
entonces se ponen como locos,
y hacen cosas feas y tontas.

Claro que los angelitos malos
no pueden entrar dentro de nadie
si esa persona no les da permiso
para que entren.

Ellos tienen menos
libertad que tú,
porque no son personas.

Y ser persona significa estar
en un nivel muy alto,
es tener mucha libertad.

Así que si tú no quieres
que un angelito malo entre
dentro de ti, NO PUEDE ENTRAR.

Los angelitos malos están
obligados a respetar tu libertad.

Tus papis y las leyes prohíben
hacer algunas cosas malas o peligrosas,
claro, pero algún niñito malo
podría hacerlas, porque es libre,
es persona, pero que
después aguante el castigo...

Pero es para enseñar.
Casi nadie castiga de tan malo que es.

Ésas son las reglas del juego
en este Universo: las personas son libres,
pero hacer daño causa dolor,
y hacer el bien causa felicidad.

Es muy sencillo en el fondo.

Bueno, (⎯⎯⎯⎯⎯⎯), te cuento
que yo también soy como un angelito,
pero un angelito bueno.

Yo también puedo entrar
dentro de las personas.

Pero como respeto la libertad
de todos, no puedo entrar
dentro de alguien si esa persona
no me da permiso.

¿Entendiste el asunto
de la libertad, 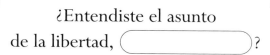?

Qué bien, entonces ahora
puedo decirte otra cosa.

Mi nombre es ,
para ti, pero mi verdadero
nombre es Amor.

Porque de verdad, verdad,
yo soy el Amor.

Cada vez que alguien ama,
eso sucede porque yo
entré en esa persona.

Cuando te da lástima alguien
que sufre, yo entré en ti.

Cuando sientes que algo
es hermoso, yo entré en ti.

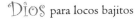

Cuando quieres ayudar
a alguien, yo entré en ti.

Cuando estás muy feliz,
yo entré en ti.

Cuando amas, yo estoy en ti.

Porque me diste permiso, claro.

Bueno, no se trata
de decir: «Yo, ( ),
te doy permiso para que
entres en mí, ⟨ ⟩».

Eso no es necesario.

Basta con querer estar bien,
basta con querer encontrar
algo lindo, basta con querer
sentir amor por alguien o por algo.

Y entonces yo puedo entrar en ti.

De la misma forma,
el que está mal dejó entrar
a los angelitos malos porque quiso.

Porque quería estar mal.

A lo mejor no vas a creerme,
pero hay mucha gente a la que
le encanta estar mal.

Como le gusta estar mal,
prefiere juntarse con gente
a la que también le gusta estar mal.

Se reúnen a hablar de cosas feas
y son maravillosamente infelices así.

Porque les encanta
ser infelices.

Por eso se enojan mucho
cuando se habla de cosas lindas.

¿De qué te ríes? A mí me da
mucha lástima que esos amiguitos
míos sean tan tontos.

Ellos nunca leerán un libro como éste,
porque van a la librería a buscar libros que
hablen de cosas feas, de esas que hacen sufrir.

Y pagan mucho dinero para
ponerse mal y sufrir un poco.

Hay escritores que se hacen
ricos escribiendo libros feos.
Porque hay muchos que los compran.

También hay pintores y poetas y músicos
y escultores que hacen cosas feas,
de esas que hacen ponerse mal a la gente.

Y muchos de ellos
ganan importantes
premios y son
muy famosos a veces.

Se vuelven famosos y
ricos haciendo cosas feas.

Porque quienes les dan los premios
y los hacen famosos también prefieren
todo lo que haga ponerse mal a la gente.

Y como son famosos, la gente piensa
que saben mucho y cree que
lo que hace ponerse mal a la gente
es muy buen arte o literatura, y van
y lo compran... y se ponen mal, claro.

Pero después se acostumbran y
ya no quieren saber nada de cosas
que les hagan ponerse bien.

Porque llegan a pensar que
estar mal es estar bien.

Y que estar bien es estar mal.

Por eso es muuuuuucha la gente
que gasta dinero en cosas que hacen mal.
Aunque tú, ⟨   ⟩, no lo creas.

Esa gente, cuando entra en
una librería y ve por ahí la palabra Dios
o Amor (que es lo mismo) en algún libro,
pone una cara fea y piensa algo feo.

En cambio, cuando ven en un
título palabras como crimen,
sangre, muerte, dolor, tortura,
genocidio, espanto, horror, terror,
maldad, tenebroso, tinieblas...

se entusiasman mucho, ponen
una cara muy fea y sacan su dinero

y se disponen a sufrir
infelices de la vida.

Adivina qué clase de angelito
se les metió dentro a esas personas
para que actúen así...

Acertaste, ⬯.

Y lo mismo pasa con las películas
del cine y la televisión,
y hasta con los dibujitos
animados. Y yo te diría que
SOBRE TODO con las películas
de dibujitos animados.

Y también con los
periódicos y noticieros.

Mientras más feo sea
lo que dicen, más venden.

Y si no me crees,

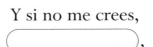,

toma el control remoto de la televisión y
comienza a pasar canales.

¿Qué viste?

Ah, que a uno lo están moliendo a palos,
a otro lo están llenando de balazos,
otros cantan disfrazados
de muertos o vampiros,
otros destruyen un planeta,
y otros hablan
y hablan y hablan de cosas feas.

Bueno, a veces hay
cosas bonitas también,
pero ésas no son tan fáciles de
encontrar como las otras.

¿Sabes tú por qué pasa
ese tipo de cosas, ⟨⎯⎯⎯⎯⎯⎯⎯⟩?

Porque tu lindo mundo
es muy jovencito,
es como un bebé.
Y los bebés, mientras más
pequeñitos son,
más errores cometen.

Meten el dedito donde no deben,
en el enchufe de la corriente eléctrica
o en la trampa de ratones,
o se comen cualquier cosa,
por ejemplo vidrio.

Agarran arañas con la mano,
se caen y se pegan, se hieren,
se cortan, se tragan monedas,
se queman, etc.

Bueno, como tu mundo
es muy jovencito, también
los amiguitos que viven allí,
aunque tengan muchos años,

por dentro son muy bebés y
por eso cometen muchos errores.

Como preferir lo feo y
sufrir y hacer sufrir.

Como darle más permiso
a los angelitos malos que al
Amor para entrar en ellos.

Pero me gustaría mucho
que no les tengas rabia,
de la misma forma que yo tampoco
estoy enojado con ellos.

Para mí es igual que si fuesen
bebés que se hacen daño.
Me dan mucha pena, (   ).

Por eso hago magia para que
aparezcan estos libros y gente
que enseñe acerca del Amor.

Porque si la gente tuviera
más Amor en el corazón,
menos sufrimiento habría en el mundo.
¿Verdad, (   )?

Es cierto que ellos no leen
estos libros ni escuchan estas cosas,
pero tal vez sus hijos o amigos
sí lo hagan y les enseñen algo.

No puedo hacer más
porque todos ustedes son libres.

Bueno, algunas cosas puedo hacer,
pero sin obligar a nadie.

Por ejemplo, yo hice magia
para que este libro esté cerca de ti,
porque quiero que tú aprendas
a preferir las cosas buenas
a las cosas malas.

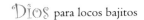

Por eso mismo, ahora te voy a dar
algunos consejitos para que
sufras menos y seas más feliz.

Capítulo 4

Trata de mirar a toda
la gente con cariño, (   ),
porque lo que tú les des a los demás,
eso mismo recibirás a cambio.

Eso se llama
«Ley del bumerán», o
«Ley de causa y efecto»;
y también se podría decir
«Ley del espejo».

Otros la llaman «La regla de oro».
Quiere decir que lo que tú
lances hacia el mundo o hacia las personas,
eso te devolverán el mundo
o las demás personas.

Si tú andas siempre enojado
encontrando todo mal,
la gente andará siempre enojada contigo
y encontrará que tú eres
una mala personita.
Y yo sé que eso no es verdad,
pero ellos no lo saben.

Si tú andas con ganas de pegarle
a la gente, la gente sentirá
ganas de pegarte a ti.

Si a ti te parece que toda la gente
es simpática y buena,
todos pensarán que tú eres
una persona simpática y buena.

Si le tienes temor a la gente,
la gente sentirá temor de ti,
y si te gusta la gente,
a la gente les gustarás tú.

Pero tú debes tratar de
no ser tan espejo, (   ),
porque si no, se forma
una cadena interminable de cosas feas.

Por ejemplo, si alguien te mira mal
y tú le miras peor,
entonces esa persona te mira
todavía peor y a ti te da rabia,
y la miras con odio y a esa persona
le da más rabia y te mira
con más odio, y a ti te da todavía
más odio y te dan ganas de pegarle,
y a esa persona le da mucho más odio
y le dan ganas de pegarte y...

Es una cosa de locos.

Esa cadena no termina nunca,
y se pone cada vez peor el asunto.

Por eso, 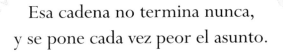,
aprende a cortar las malas cadenas.

¿Cómo se llama esa persona
que te da dolor de estómago
de lo mal que te cae?
Escribe su hombre ahí abajo.

Si ⟨⟩ te mira mal,
en lugar de mirarle mal tú también,
deberías sonreírle.
Y ahí se termina la cadena,
y tú te libras de pasarlo mal
y de hacerle pasar mal a ⟨⟩.

Y yo, que siempre estoy mirando todo,
pero sin intervenir,
me pongo muy contento.

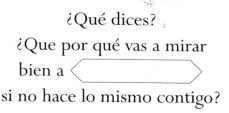

¿Qué dices?

¿Que por qué vas a mirar
bien a ⟨⟩
si no hace lo mismo contigo?

Ah, porque ⟨⟩
no leyó este libro, y tú sí.

Tú ahora sabes más,
y el que sabe más tiene que actuar
mejor que el que sabe menos.

Así que ahora tienes que actuar con
⟨⟩ mejor de lo que él actúa contigo.

Además, aunque a ti te parezca
que es una persona muy pesada y mala…
yo amo a ⟨⟩.

Lo que pasa es que comete
muchos errores, y por eso mismo
lo pasa muy mal.

Por eso le tengo lástima,
y me gustaría que tú le enseñaras,
o por lo menos que no le hagas daño,
y para no hacer daño a nadie,
tienes que cortar las malas
cadenas apenas aparezcan.

Cuando alguien te lance algo malo,
¡plop!, lánzale algo bueno:
una sonrisa, una palabra amable.

Por último, haz como si no te hubieras
dado cuenta y olvida.
Y así serás más feliz,
querida criaturita mía,
conocida en el mundo
como ⬭.

Capítulo 5

Y para terminar, ⬭,
te voy a enseñar algunos secretitos
para que puedas hacer un poco
de magia tú también
y realizar algunos deseos.

Ya sabes algunas cosas,
por ejemplo, que puedo entrar
en ti si me lo permites,
y que soy un mago.

Entonces,
si quieres hacer magia,
sólo debes pedirme que entre en ti
y que yo realice lo que tú deseas.
¿Ves qué fácil es?

Pero no olvides
que yo soy Amor.

Porque no se puede hacer
magia bonita y divertida
si no se está contento y feliz,
y ya sabes que es el Amor
lo que te hace ponerte
alegre y feliz.

Así que si no estás bien,
el Amor no está en ti,
el mago no está en ti,
y así no se puede
hacer magia.

Quiero decir que,
para que puedas hacer magia
y tus deseos se realicen,
debes estar alegre y feliz.
Y así la magia resulta.

Eso es lo que te vine a decir.
Te doy un besito, (⎯⎯⎯⎯⎯),
y me quedo contigo (si tú así lo quieres).

Yo te bendigo.